Petit monde vivant

LES TORTUES DE MER

Bobbie Kalman
Traduction : Marie-Josée Brière

Les tortues de mer est la traduction de *The Life Cycle of a Sea Turtle* de Bobbie Kalman (ISBN 0-7787-0682-6)
© 2002, Crabtree Publishing Company, 612 Welland Ave., St.Catherines, Ontario, Canada L2M 5V6

Catalogage avant publication de Bibliothèque et Archives nationales du Québec et Bibliothèque et Archives Canada

Kalman, Bobbie, 1947-

   Les tortues de mer

   (Petit monde vivant)
   Traduction de : The life cycle of a sea turtle.
   Pour enfants de 6 à 10 ans.

   ISBN 978-2-89579-164-5

   1. Tortues marines - Cycles biologiques - Ouvrages pour la jeunesse. 2. Tortues de mer - Ouvrages pour la jeunesse. I. Titre.
II. Collection : Kalman, Bobbie, 1947-   . Petit monde vivant.

QL666.C536K3414 2007   j597.92'8   C2007-941049-9

Recherche de photos : Karuna Thal ; Heather Fitzpatrick

Remerciements particuliers à Lindsey Potter, Michael Nolan, Robert Thomas, Karuna Thal et Dolphin Quest

Photos : Frank S. Balthis : page 12 ; Bobbie Kalman : pages 21 (en bas), 31 (les deux) ; photo du bas prise à Dolphin Quest, à l'hôtel Kahala Mandarin Oriental d'Hawaï ; © Maris & Marilyn Kazmers/Seapics.com : page 28 ; Michael S. Nolan : page 29 ; © Doug Perrine/Seapics.com : pages 10, 13, 18, 19, 20, 23 (en médaillon), 27 ; Tom Stack and Associates : Ann Duncan : page 30 ; Barbara Gerlach : page 14 ; Chip Isenhart : page 15 ; © Masa Ushioda/Seapics.com : page 21 (en haut)

Autres images : Digital Vision

Illustrations : Barbara Bedell : pages 4, 16-17 (en bas) ; Patrick Ching : page couverture (image centrale), page 11 ; Margaret Amy Reiach : logo de la collection, page couverture, quatrième de couverture, page titre, pages 5 (en haut), 6-7 (en arrière-plan), 16 (en haut, à gauche et à droite), 19, 22-23 (en bas) ; Bonna Rouse : pages 5 (au milieu et en bas), 6-7 (tortues), 12 (au milieu), 13 (en bas), 15, 17 (en haut, à gauche et à droite), 21, 29 ; Robert Thomas : pages 3, 9 (en haut), 20 (en bas), 24-25, 26 (en bas) ; Tiffany Wybouw : pages 8, 9 (en bas), 13 (en haut), 17 (au milieu, à gauche et à droite), 18, 22 (en haut et en médaillon), 24 (à gauche), et toutes les petites tortues entourant les titres

Nous reconnaissons l'aide financière du gouvernement du Canada par l'entremise du Programme d'aide au développement de l'industrie de l'édition (PADIÉ) pour nos activités d'édition.

Conseil des Arts   **Canada Council**
du Canada   **for the Arts**

Bayard Canada Livres Inc. remercie le Conseil des Arts du Canada du soutien accordé à son programme d'édition dans le cadre du Programme des subventions globales aux éditeurs.

Cet ouvrage a été publié avec le soutien de la SODEC.
Gouvernement du Québec – Programme de crédit d'impôt pour l'édition de livres – Gestion SODEC.

Dépôt légal – 3ᵉ trimestre 2007
Bibliothèque nationale du Québec
Bibliothèque nationale du Canada

Direction : Andrée-Anne Gratton
Graphisme : Mardigrafe
Révision : Johanne Champagne

© Bayard Canada Livres inc., 2007
4475, rue Frontenac
Montréal (Québec)
Canada H2H 2S2
Téléphone : (514) 844-2111 ou 1 866 844-2111
Télécopieur : (514) 278-3030
Courriel : edition@bayard-inc.com

Imprimé au Canada

www.petitmondevivant.ca

Sur le site Internet :

Fiches d'activités pédagogiques
en lien avec tous les albums des collections Petit monde vivant et Le Raton Laveur

Catalogue complet

Table des matières

Des reptiles

Les tortues sont des reptiles. Tous les reptiles ont des écailles et une colonne vertébrale, et ils respirent à l'aide de poumons. Ce sont des animaux à sang froid : la température de leur corps change quand leur environnement se réchauffe ou se refroidit. Le corps des animaux à sang chaud, en revanche, reste toujours à la même température.

Certains reptiles vivent sur la terre ferme, et d'autres, dans l'eau. Les reptiles se divisent en quatre groupes :

1. les alligators et les crocodiles ;
2. les tortues (tortues terrestres, tortues d'eau douce et tortues de mer) ;
3. les tuataras ;
4. les lézards et les serpents.

Les tortues d'eau douce et les tortues de mer appartiennent au même groupe de reptiles que les tortues terrestres qui, comme leur nom le dit, vivent uniquement sur la terre ferme.

Les alligators et les crocodiles font partie de la même famille de reptiles.

Les tuataras forment un groupe à part.

Les serpents et les lézards composent la quatrième famille de reptiles.

Des animaux très anciens

Les tortues de mer sont apparues sur notre planète il y a plus de 200 millions d'années, à la même époque que les dinosaures. Il y a très longtemps, leurs ancêtres vivaient sur la terre ferme, mais ils ont ensuite commencé à passer plus de temps dans l'océan. Avec le temps, leurs pattes se sont transformées en nageoires, et leur corps a pris une forme plus effilée.

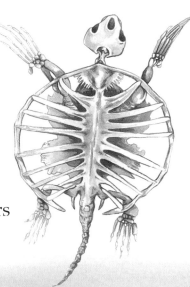

Le squelette qu'on voit ici est celui d'un ancêtre de la tortue de mer appelé « Archelon ». Il date d'environ deux millions d'années, et il est tellement énorme qu'on pourrait placer deux voitures entre ses nageoires avant !

tortue hargneuse

Tortue de mer ou d'eau douce ?

Les tortues de mer et les tortues d'eau douce se distinguent de plusieurs façons. Voici quelques-unes de leurs différences :

- Les tortues d'eau douce peuvent rentrer leur corps dans leur carapace, mais pas les tortues de mer.
- Les tortues d'eau douce passent de l'eau à la terre ferme, mais les tortues de mer sont des reptiles **marins**, qui vivent uniquement dans l'océan.

- Les tortues d'eau douce ne voient pas et n'entendent pas très bien, mais les tortues de mer ont une excellente ouïe, et elles voient très bien sous l'eau et dans l'obscurité.
- Les tortues d'eau douce ont des pattes munies de griffes. Certaines nagent assez bien, mais les tortues de mer, elles, sont parfaitement à l'aise dans l'eau ! Leurs nageoires et leur corps fuselé leur permettent de parcourir rapidement de grandes distances.

tortue verte

Les différentes espèces

Il existe plus de 260 **espèces** de tortues, mais seulement sept espèces de tortues de mer. Comme tu peux le voir sur ces deux pages, elles sont toutes différentes par leur taille, leur couleur et leur forme. Même si elles n'ont pas exactement la même apparence, elles ont des habitudes et des comportements semblables.

Toutes les tortues de mer ont une carapace lisse et plate, sauf la tortue luth, qui n'a pas de carapace du tout. La plupart ont des mâchoires puissantes et coupantes qui leur permettent d'arracher des morceaux de nourriture. Comme elles n'ont pas de dents, elles avalent leurs aliments sans les mastiquer.

La tortue de Kemp, à gauche, est la plus menacée des tortues de mer. La tortue olivâtre, à droite, est également en péril. Elles mesurent toutes les deux environ 60 centimètres de longueur et pèsent moins de 45 kilos.

La tortue imbriquée tire son nom des écailles brunes qui se chevauchent sur sa carapace. Cette tortue, dont la mâchoire ressemble au bec d'un oiseau de proie, mesure 90 centimètres de longueur et pèse plus de 45 kilos. Elle était chassée autrefois pour sa magnifique carapace, qui servait à faire des bijoux et d'autres objets de luxe. Il n'en reste donc plus beaucoup !

La tortue à dos plat mesure un peu plus de 90 centimètres de longueur et pèse moins de 90 kilos. On la retrouve seulement en Australie et en Papouasie Nouvelle-Guinée.

deux griffes

cinq écailles

(À gauche) La tortue caouanne a deux griffes sur ses nageoires avant, et cinq écailles de chaque côté de sa carapace. Elle ressemble à la tortue verte (ci-dessous), qui a seulement quatre écailles de chaque côté et une griffe sur chaque nageoire avant. Ces deux tortues mesurent environ un mètre de longueur et peuvent peser de 45 à 200 kilos.

une griffe

quatre écailles

La tortue luth est la plus grosse des tortues de mer. Elle peut peser jusqu'à 640 kilos et mesurer plus de deux mètres de longueur. Elle n'a pas de carapace, mais la peau de son dos, côtelée sur le sens de la longueur, ressemble à du cuir. Comme sa mâchoire n'est pas très puissante, cette tortue de mer mange surtout des méduses. Elle peut vivre dans les mers froides du Nord parce qu'elle a sous la peau une épaisse couche de graisse qui la garde au chaud, même dans l'eau glacée.

Qu'est-ce qu'un cycle de vie ?

Tous les animaux passent par une série de changements qu'on appelle un « cycle de vie ». Après leur naissance ou leur éclosion, ils grandissent et deviennent adultes. Ils peuvent alors faire des bébés à leur tour.

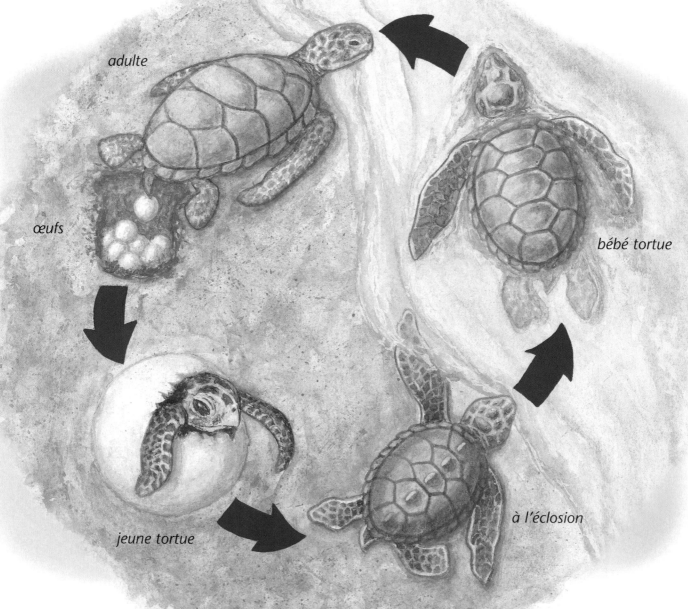

adulte

œufs

bébé tortue

jeune tortue

à l'éclosion

tortue verte adulte

Le cycle de vie des tortues de mer

Les tortues de mer passent la première étape de leur vie dans un œuf. Quand elles ont terminé leur croissance et qu'elles sont devenues adultes, elles peuvent s'accoupler. Les femelles pondent ensuite des œufs et, avec chaque œuf, un nouveau cycle de vie commence.

L'espérance de vie

L'espérance de vie est la durée moyenne de la vie d'un animal. Les tortues de mer peuvent vivre jusqu'à 100 ans à l'état sauvage, mais elles ne dépassent généralement pas 50 ans.

En route vers la plage

Le cycle de vie de toutes les tortues de mer commence sur une plage, là où les femelles pondent leurs œufs. Elles doivent pondre sur la terre ferme, mais pas n'importe où. Elles doivent absolument retourner sur la plage où elles ont elles-mêmes vu le jour… et leur mère et leur grand-mère avant elles ! Tous les deux ou trois ans, elles nagent donc jusqu'à cette plage bien spéciale.

Les tortues de mer sortent de l'océan pour pondre leurs œufs et retournent aussitôt dans l'eau.

Comment savent-elles ?

Comment les tortues de mer savent-elles d'où elles viennent ? Personne ne le sait ! Les scientifiques pensent qu'elles réussissent à trouver la bonne plage en se guidant sur la position de la Lune et des étoiles. Il est possible également qu'elles sentent l'**attraction magnétique** de la Terre ou qu'elles retrouvent certaines odeurs transportées par les **courants** océaniques.

Enfin rendues !

Quand les tortues de mer arrivent enfin à la plage où elles feront leur nid, elles se traînent sur le sable à l'aide de leurs nageoires. Elles n'ont pas de pattes pour marcher, et leur corps est très lourd, mais elles ont des œufs à pondre et rien ne peut les arrêter !

Patrick Ching '98

La ponte des œufs

Une fois qu'elles ont trouvé un coin humide sur la plage, les tortues commencent à faire un nid pour y déposer leurs œufs. C'est la nidification. Les tortues dégagent le sable sec avec leurs nageoires avant et creusent ensuite un trou avec leurs nageoires arrière.

La plupart des tortues de mer, comme la tortue olivâtre qu'on voit ici, font des nids de 60 centimètres de profondeur. À l'exception de la tortue de Kemp, elles creusent pendant la nuit.

Une multitude d'œufs

Quand la mère tortue a fini de creuser son nid, elle pond ses œufs en les expulsant d'un orifice de son corps appelé « cloaque ». Ces œufs, à peu près gros comme des balles de golf, sont mous et ressemblent à du cuir. Chaque femelle peut en pondre de 100 à 150 à la fois ; c'est ce qu'on appelle une « couvée ». Elle pond des œufs en grande quantité pour être certaine d'avoir au moins quelques bébés. Beaucoup d'œufs seront détruits avant d'éclore, et une bonne partie des petites tortues qui finiront par naître ne survivront pas.

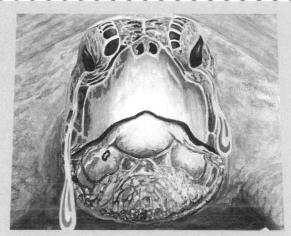

Lorsqu'une tortue de mer se trouve sur la terre ferme, on a l'impression qu'elle pleure. En réalité, elle se débarrasse ainsi de l'excédent de sel qu'elle a absorbé en buvant de l'eau de mer. Elle fait la même chose dans l'océan, mais ses larmes sont plus difficiles à distinguer dans l'eau.

Sur environ 5 000 œufs, il y a souvent une seule tortue de mer qui deviendra adulte et qui aura des bébés à son tour.

13

Adieu, mes petits !

Lorsqu'elle a fini de pondre ses œufs, la mère tortue les recouvre du sable qu'elle a amoncelé en creusant. Elle envoie aussi du sable autour du nid et le tasse avec son corps.

Sa tâche est maintenant terminée, et elle retourne dans la mer. Elle sait où aller, même s'il fait noir. Le ciel, qui paraît plus pâle au-dessus de l'océan, la guide dans la bonne direction.

La mère tortue quitte son nid et retourne chez elle, dans l'océan.

14

Un moment dangereux

Les œufs pondus par la tortue de mer n'écloront pas tous. Certains seront emportés par la marée et la plupart seront dévorés par des **prédateurs**. Les ratons laveurs, les chiens sauvages, les crabes fantômes, les oiseaux de mer et plusieurs espèces d'insectes se nourrissent d'œufs de tortue.

La menace des humains

Il y aussi des gens qui mangent des œufs de tortue. Ces œufs sont faciles à repérer parce que la mère tortue laisse sur la plage des traces très larges, qu'elle est incapable de camoufler. On dirait qu'un tracteur est passé par là ! Ces pistes mènent les gens directement vers le nid.

(En haut) Quand la femelle tortue a pondu ses œufs, elle n'a pas remarqué ce raton laveur qui l'observait. Aussitôt après son départ, le raton laveur s'est dirigé droit vers le nid et s'est bien régalé !

(À droite) Les gens qui ont pillé ce nid ont aussi renversé la tortue sur le dos. Dans cette position, elle est incapable de bouger. Les pillards vont revenir la chercher plus tard. Ils vont manger sa chair et se servir de sa carapace pour fabriquer des souvenirs qu'ils vendront aux touristes.

Dans l'œuf

sac vitellin

tige ombilicale

embryon

Les tortues de mer ne couvent pas leurs œufs. Elles les laissent incuber dans le sable, où ils sont bien au chaud. Le sexe des bébés tortues dépend de la température du nid. Quand il fait chaud dans le nid, ce seront des femelles. Et quand il y fait plus frais, ce seront des mâles.

Le bébé qui se développe dans chaque œuf, pendant 45 à 70 jours, porte le nom d'« embryon ». Il se nourrit du jaune que renferme un sac vitellin relié à son corps par une tige ombilicale. La coquille de l'œuf est molle et pleine de pores minuscules. Ce sont de tout petits trous qui laissent passer l'eau et l'air contenus dans le sable.

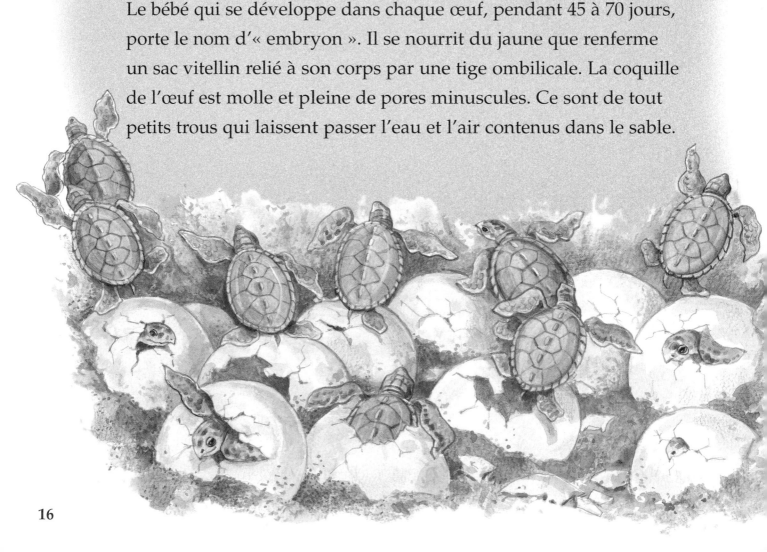

Dehors !

Quand l'embryon est
complètement formé, il est
prêt à sortir de son œuf.
Il déchire sa coquille à l'aide
d'une saillie dure sur son bec,
appelée « diamant ».

Le bébé tortue doit ensuite se rendre à l'air
libre. Il agite ses nageoires pour monter vers
la surface, comme s'il nageait dans le sable.
Les autres bébés qui éclosent en même temps
rampent eux aussi de la même façon, et tous
s'empilent les uns sur les autres. Il leur faut
trois jours pour atteindre la surface du sable.

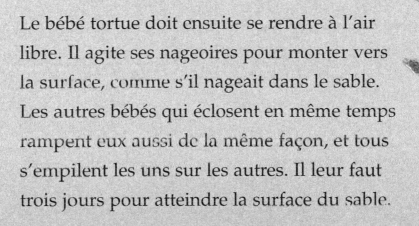

Le voyage vers la mer

Les bébés tortues sont tellement minuscules que tu pourrais facilement en tenir un dans le creux de ta main. Une fois qu'ils sont sortis du nid, ils entreprennent un voyage dangereux jusqu'à l'océan. Comme leur carapace est encore molle, ce sont des proies faciles pour les chiens, les oiseaux, les crabes et les ratons laveurs qui attendent sur la plage pour les manger.

Les bébés tortues doivent affronter bien des dangers sur la plage. Celui-ci a été attrapé par un crabe.

La traversée de la plage

À la nuit tombée, les bébés tortues
traversent lentement la plage. Ils se
traînent sur le sable vers l'océan, là où le ciel est
plus clair – exactement comme leur mère avant eux !

La plage ne paraît peut-être pas très large, mais pour les bébés tortues, c'est une très longue distance à parcourir. Seuls quelques-uns d'entre eux atteindront l'océan.

En haute mer

Les bébés nagent ensuite le plus vite possible pour s'éloigner du rivage. Ils doivent quitter rapidement les eaux peu profondes où des prédateurs pourraient les capturer facilement. Ils remontent souvent à la surface pour respirer parce que leurs poumons ne sont pas encore très gros. Ils nagent toute la nuit et toute la journée du lendemain, jusqu'à ce qu'ils se retrouvent en eau profonde. Et personne ne sait où ils vont ensuite !

dossière

plastron

La carapace des tortues est foncée sur le dessus et pâle en dessous. Ce contraste contribue à les protéger, surtout les jeunes tortues comme celle qu'on voit ci-dessous.

Des couleurs contrastées

Dans l'océan, les tortues sont protégées par les couleurs contrastées de leur carapace. Les oiseaux de mer, qui sont plus haut qu'elles, ne peuvent pas distinguer leur dossière foncée dans les eaux sombres de l'océan. Et les poissons qui nagent en dessous, dans les eaux plus profondes, ne les voient pas non plus parce que leur plastron pâle se confond avec le ciel clair.

Dans les algues

Les petites tortues grandissent vite dans l'océan. Leur diamant disparaît deux semaines après leur éclosion. Leur corps grossit, et leur carapace commence à durcir. Pendant la première année de leur vie, elles restent en eau profonde et se nourrissent dans les bancs d'algues flottantes.

Les jeunes tortues de mer mangent uniquement du plancton. Ce sont des plantes et des animaux minuscules qui flottent près de la surface de l'océan. Dans les algues, elles trouvent non seulement de la nourriture, mais aussi une bonne protection. En effet, les couleurs et les motifs de leur carapace se confondent avec ceux des plantes marines.

22

À la fin de leur première année, les petites tortues de mer ont une carapace dure, à peu près de la taille d'une assiette. Cette carapace protège leur corps, mais les requins et les dauphins peuvent quand même leur mordre les nageoires. Celle minuscule tortue caouanne mange une langouste.

23

L'alimentation des adultes

Les jeunes tortues se nourrissent surtout de plancton, mais quand elles vieillissent, elles ont besoin d'autres types d'aliments. Elles retournent alors dans les eaux peu profondes pour en trouver.

Une alimentation différente

L'alimentation des tortues adultes diffère selon les espèces. La plupart d'entre elles se nourrissent de poissons, d'œufs de poisson, de crabes, d'éponges et de concombres de mer. Les tortues luths restent à bonne distance du rivage, où elles chassent les méduses en eau profonde. Les tortues vertes, comme celles qu'on voit ci-dessous et à droite, mangent surtout des herbes aquatiques, mais aussi de petits crustacés, des méduses et des éponges.

Le retour vers la plage

Les femelles sont prêtes à faire des bébés entre l'âge de 15 et 20 ans, mais elles attendent parfois jusqu'à 50 ans ! Elles nagent alors à la rencontre des mâles pour s'accoupler avec eux dans l'eau, près du site de nidification. Les mâles **fécondent** les œufs des femelles avec leur **sperme**. Seuls les œufs fécondés donneront des bébés.

Les femelles peuvent pondre leurs œufs deux semaines après l'accouplement ou entreposer le sperme dans leur corps pendant plusieurs mois. Quand vient le temps de pondre, elles entreprennent une longue **migration** jusqu'à la plage où elles ont vu le jour. Pendant cette migration, elles ne mangent pas. Elles survivent grâce à la graisse accumulée dans leur corps.

Un nouveau cycle de vie

Les tortues de mer qui viennent de pondre attendent parfois deux à trois ans avant de recommencer, mais les femelles peuvent aussi pondre jusqu'à six couvées en une seule saison.

Les femelles passent plusieurs jours dans l'eau entre chaque couvée. Chaque fois qu'un œuf éclôt, un nouveau cycle de vie commence.

Des animaux en péril

Les tortues de mer doivent affronter de plus en plus de dangers dans l'océan et sur la terre ferme. C'est pourquoi elles sont beaucoup moins nombreuses qu'avant. Certaines espèces sont **disparues**, et la plupart des autres sont menacées.

Vers la lumière

Beaucoup de zones de nidification des tortues de mer ont été détruites ou se trouvent maintenant dans des centres de villégiature. L'éclairage des hôtels empêche souvent les tortues de trouver leur chemin vers la mer.

Plutôt que de s'en aller vers l'océan, où le ciel est normalement plus clair qu'ailleurs, elles se dirigent vers la lumière des hôtels. Certaines se font écraser par des voitures en traversant les routes près de ces hôtels. Les bébés, surtout, prennent souvent la mauvaise direction.

Les petites tortues qui viennent d'éclore se trompent parfois de direction parce qu'elles sont attirées par la lumière des hôtels.

Les dangers de la pollution

La pollution fait beaucoup de tort aux tortues de mer. Le pétrole et les autres produits chimiques déversés dans les océans en tuent des milliers.

Les déchets jetés à la mer

Les tortues de mer qui se nourrissent de méduses confondent souvent les ballons et les sacs en plastique avec leur aliment préféré. Quand elles mangent ces objets, elles s'étouffent et meurent.

La cigarette tue aussi les tortues !

Les mégots de cigarettes laissés sur les plages se retrouvent dans l'océan, où les tortues de mer les prennent pour de la nourriture. Les cigarettes contiennent des poisons qui restent dans le corps des tortues et qui finissent par les tuer.

*Les tortues vertes d'Hawaï souffrent d'un grave problème de santé appelé « fibropapillome ». C'est un **virus** qui entraîne la croissance de tumeurs sur leur tête, leur cou et leurs yeux. À cause de ces tumeurs, les animaux atteints ont de la difficulté à voir, à bouger et à chercher de la nourriture. Les scientifiques pensent que ce virus pourrait être causé par les produits chimiques déversés dans l'océan. Que peux-tu faire pour aider ?* *Va voir à la page 30.*

Pour aider les tortues de mer

Tu peux aider les tortues de mer en te renseignant le plus possible à leur sujet. Tu te rendras compte alors que ce sont des merveilles **préhistoriques** ! Et tu voudras éviter qu'elles disparaissent de la Terre.

Tu peux aussi demander à tes parents et à tes amis de ne pas se servir de **pesticides** et de nettoyants chimiques toxiques à la maison. Ces produits chimiques finissent par se retrouver dans les océans, où ils peuvent tuer les tortues de mer.

Transmets le message

Pour mieux comprendre les tortues de mer, tu peux écrire toi-même un livre sur ces reptiles très anciens. Dans ton livre, tu pourrais raconter l'aventure d'une petite tortue qui se dirige vers la mer ou inclure un poème sur ce voyage dangereux !

Adopte une plage ou une tortue

Si tu habites près de la mer, toi et tes camarades de classe pouvez adopter une plage et aider à la garder propre. Mais, où que tu vives, tu peux aussi recueillir de l'argent pour adopter une plage, une tortue de mer ou un autre animal menacé. Tu trouveras des idées et de l'information sur les sites suivants :

- http://www.tortuesmarines guadeloupe.org/index.htm
- http://www.ecofac.org/Tortues/Index.htm
- http://www.reseau-tortues-marines.org

Demande à tes parents s'il y a des parcs fauniques où tu pourrais aller voir des tortues de mer pour te familiariser avec ces animaux fascinants. Les enfants qu'on voit sur ces deux pages apprennent comment aider les tortues de mer. Ceux de la page 30 transportent des bébés tortues vers l'océan. Le garçon en haut de cette page-ci travaille aussi avec un groupe de sauvetage des tortues de mer. Les deux enfants qu'on voit ci-dessus font connaissance avec une tortue verte.

Glossaire

accoupler (s') S'unir pour faire des bébés

attraction magnétique Force qui fait qu'un aimant pointe soit vers le pôle Nord, soit vers le pôle Sud

courant Mouvement continu de l'eau de mer résultant de l'attraction magnétique de la Terre

disparu Se dit d'une espèce animale qui n'existe plus sur la Terre

espèce Groupe d'êtres vivants qui partagent les mêmes caractéristiques et les mêmes habitudes de vie, et qui peuvent se reproduire entre eux

féconder Ajouter du sperme à un œuf pour qu'un bébé puisse se former à l'intérieur

marin Se dit d'une plante ou d'animal qui vit dans l'océan

menacé Se dit d'une espèce qui risque de disparaître

migration Déplacement sur de longues distances à la recherche de nourriture ou d'une température plus clémente

pesticide Produit chimique servant à tuer les insectes

prédateur Animal qui chasse d'autres animaux pour les manger

préhistorique Se dit d'un animal qui a existé avant le début de l'histoire écrite

sperme Liquide contenant les cellules reproductrices des animaux mâles, qui s'unissent aux œufs des femelles pour produire des bébés

virus Minuscule organisme qui vit en parasite dans des plantes, des animaux ou des humains et qui cause des maladies

Index